KAUM ZU GLAUBEN

KAUM ZU GLAUBEN

mit Gedichten von Hubertus Scheurer

Bibliografische Information der Deutschen Nationalbibliothek:
Die Deutsche Nationalbibliothek verzeichnet diese Publikation
in der Deutschen Nationalbibliografie; detaillierte bibliografische
Daten sind im Internet über http://dnb.dnb.de abrufbar.

Informationen über: www.hubertus-scheurer.de

© 2016 Hubertus Scheurer
Satz, Umschlaggestaltung, Herstellung und Verlag:
BoD - Books on Demand

ISBN: 978-3-7431-4542-9

Inhaltsverzeichnis

Pressemitteilung über Straffreiheit für Mörder 7
Zerbrochenes Recht 7
Der Rechtsdoktor 8
Kinderopfer für das Recht 8
Pressemitteilung über Vergewaltigung 10
Die große Freiheit 10
Große Schweinerei 10
Frauenwürde 11
Gegen Vergewaltigung 11
Strafbefehl gegen Hubertus Scheurer 12
Brief an das Amtsgericht 13
Brief vom Amtsgericht 14
Strafbefehl als Weihnachtsgeschenk 15
Kein Einspruch 17
Der Finanzamtkäse 18
Dank Frau Blassei 19
Kellermeier und faule Eier 20
Tät die Dummheit weh 21
Brief von Georg Schulz 22
Brief an Kackvokat Schulz 23
Der Opernstar 24
Ein übler Rechtskondom 25
Ein Idealgespann 26
Weshalb ich lebe 27
Schön wär das 28
Dein Gewissen muß Dich leiten 29
Bewegung nach Schlaf 30
Gerichtsverbot für Schopenhauer 31
Bis zum letzten Atemzug 32

Für Recht und Freiheit 33
Kein Waschlappen 34
Silvesternacht 35
Das Wagnis 36
Die Zeit 36
Sinnsuche 36
Ihr Pflichtgefühl 37
Kein Gelaber 37
Mut zum Guten 37
Die beste Vorschrift 38
Lob 38
Demenz 38
Ein böser Nachbar 39
Andreas und Nicole 40
Jacqueline 41
Tonis Tönchen 42
Jacob und Orestes 43
Der Biß auf die Zunge 44
Die Präsidentenwahl 45
Die Ballerfrau 46
Mann und Frau 47
Mit Ochsen boxen 48
Die Diagnose 49
Kurze Wartezeiten 50
Frau von der Leyen 51
Kater Stanislaus 52
Eine kleine Umwelt 53

Hubertus Scheurer über „Straffreiheit für Mörder – Gesetze versagen..."

Hubertus Scheurer ist ein Mensch mit einem gewaltigen Gerechtigkeitssinn, der ihn immer und immer wieder zu kreativer Höchstleistung motiviert. Der Mordfall „Frederike" treibt seine Verärgerung und sein Unverständnis für die Justiz auf die Spitze, was er in seinen Gedichten und Versen zum Ausdruck bringt.

Am 4. November 1981 wurde die damals 17-jährige Frederike vergewaltigt und auf brutale Art und Weise ermordet. Der Angeklagte durfte sich damals über einen Freispruch freuen – trotz schwer belastender Indizien. Die klaren Beweise für den Mord kamen 30 Jahre später: in einem DNA-Test konnte der Angeklagte als mutmaßlicher Mörder der jungen Frau dingfest gemacht werden – zu spät!

Zerbrochenes Recht

Grausam wurd sie umgebracht,
Eine Mutter von drei Kindern;
So der Weg sich freigemacht,
Um die Kasse auszuplündern.

Eine Spur, besonders heiß,
Sollte aufklärn das Verbrechen;
Wegen Mangels an Beweis,
War der Täter freizusprechen.

Jetzt stellt sich heraus ganz klar,
Die Beweise sind gefunden,
Dass er doch der Mörder war,
Die Justiz fühlt sich gebunden,

Daran, dass sie diesen Mann,
Da ein Urteil schon gesprochen,
Nicht mehr vor Gericht stelln kann,
Sonst würd mit dem Recht gebrochen.

Wie verrottet ist die Welt,
Lässt dies Scheusal einfach laufen,
Die so was für rechtes hält;
Man könnt sich die Haare raufen!

Da der Angeklagte damals freigesprochen wurde, soll es heute unmöglich sein, ihn wegen Mordes anzuklagen. Man nennt das „Rechtsfrieden". Rechtsfrieden ist ein hohes Gut, denn Rechtsfrieden scheint weit über Gerechtigkeit, Sicherheit und der Wahrheit zu stehen.

Der Rechtsfrieden lässt Mörder auch nach einem zweifelhaften Freispruch in Frieden leben. Selbst dann, wenn diese Fehlentscheidung mit anerkannten Mitteln schwarz auf weiß nachgewiesen wird! Während der Mörder in Freiheit lebt, kämpft Frederikes Vater Tag für Tag um den Frieden für seine Tochter.

Er stellt sich einem unerbittlichen Kampf gegen Ungerechtigkeit, falsche Gesetze und Mord. Auge in Auge gegen den Mörder seiner Tochter. Für ihn und viele andere Freunde, Bekannte und Angehörige von Mordopfern wird Mord nie verjähren, auch wenn der Bundestag nur bedingt zu seinen Worten von 1979 steht.

Der Rechtsdoktor

Uns bringt der Paragraphenreiter
Mit Doktortitel auch nicht weiter,
Wenn er vom Paragraph gelenkt,
Das Denken ganz und gar sich schenkt.

Und solche Paragraphenreiter,
Ich finde das durchaus nicht heiter,
Bekam ich mehrfach bei Gericht
Im Lauf der Jahre zu Gesicht.

Doch wenn der Kopf bis zu den Ohren
In Paragraphen eingefroren,
Dann bleibt kein Platz im Rechtsgewand
Für Rechtsempfinden und Verstand.

Ismet H. wurde freigesprochen, weil damals die technischen Mittel fehlten, seine Schuld eindeutig nachzuweisen. „In dubio pro reo" – zweifelhaft war das Urteil damals schon. Und heute steht es fest: Ismet H. ist der Mörder von Frederike! Er erstach das Mädchen auf brutalste Art und Weise und trotzdem soll die Waage der Justitia ausgeglichen sein?!

Die Kriminalistik macht Fortschritte, während Justitia auf der Stelle tritt. Gesetze müssten neue, vom Bundesgerichtshof anerkannte, wissenschaftliche Methoden unterstreichen und stärken. Eine Gesetzesanpassung ist daher längst überfällig. Nur ein neues Gesetz kann den Glauben an Gerechtigkeit und Recht in Deutschland aufrechterhalten. Nur Gerechtigkeit kann Selbstjustiz verhindern.

Kinderopfer für das Recht

Stell Dir vor, Dein Kind müsst leiden
Qualvoll in Verbrecherhand,
Und der Rechtsstaat würd entscheiden
Hier bei uns im deutschen Land,

Dass die Täter wär'n zu schonen,
Sei es, dass Dein Kind drum stirbt,
Weil wir in dem Rechtsstaat wohnen,
Sonst die Rechtskultur verdirbt.

Würdest du das wohl verstehen?
Kinderopfer für das Recht,
Ist der Rechtsstaat so zu sehen,
Wird mir übel, wird mir schlecht.

Die sich mutig widersetzen,
Um zu retten hier das Kind,
Können niemals Recht verletzen,
Weil bei Gott im Recht sie sind.

Nähere Informationen zum erfolgreichen Hamburger Dichter und Denker Hubertus Scheurer finden Sie auf www.hubertus-scheurer.de.

Bildquelle: www.depositphotos.com

Veröffentlicht am 5.6.16

Pressekontakt
Pressestall
Sandra Hansen
Lelka-Birnbaum-Weg 7
22457 Hamburg Deutschland
Telefon+49 40 49 29 33 66
info(at)pressestall.com
www.pressestall.com

Unternehmenskontakt
Hubertus Scheurer

Brehmweg 35
22527 Hamburg
Telefon +49 (0)40 – 49 66 85

www.hubertus-scheurer.de

Hubertus Scheurer zum Thema Vergewaltigung

In unserem „freien" Land wird – sowohl hinter verschlossenen Türen, als auch in der Öffentlichkeit – die Freiheit von Frauen Tag für Tag missbraucht. Diese Tatsache bringt mich dazu, meine tiefe Missachtung gegenüber diesen Männern in tiefsinnige Worte zu fassen.

Wie weit geht Freiheit in Deutschland? Wo fängt die Freiheit eines Menschen an und wo hört sie auf? Ich möchte das Bewusstsein für die Realität schärfen, Augen öffnen und wachrütteln:

Die große Freiheit
Große Freiheit nennt man das,
Wenn hinter Schaufensterglas
Frauen sitzen zum Begehr,
Käuflich fürn Geschlechtsverkehr.

Was ist das für eine Welt,
Wo man dies für Freiheit hält,
Grauenhaft, aus meiner Sicht,
Mit der Menschenwürde bricht.

Einig sollten wir uns sein,
Eine Stadt macht sich gemein,
Die trotz solcher Schweinerei,
Meint, sie sei besonders frei.

Als Dichter und Denker der modernen Zeit möchte er sensibilisieren und zum Handeln auffordern. Keiner soll die Augen davor verschließen, dass Männer Frauen verletzen, bedrängen, vergewaltigen und entwürdigen. Männer überrennen die Grenzen ihrer Freiheit zielsicher und rauben Frauen lustvoll ihre Freiheit:

Große Schweinerei
Große Freiheit, welch ein Wort
Ausgerechnet für den Ort,
Wo man ausübt frank und frei
Öffentlich die Schweinerei.

Große Schweinerei stattdessen
Wäre durchaus angemessen,
Für den Ortsteil einer Stadt,
Die solches zu bieten hat.

Ein freier Staat muss die Grenzen der Freiheit klar definieren und verteidigen. Diese persönlichen Grenzen sind dort, wo die Freiheit des Nächsten beginnt. Die Pflicht, Frauen vor Vergewaltigungen zu schützen, liegt beim Staat. Erst wenn ein Staat Frauen Sicherheit geben kann, darf er sich „freier" Staat nennen. Der Schutz eines jeden Menschen ist nur dann gewährleistet, wenn Freiheit seine Grenzen kennt und diese auch einhält. Unabhängig davon, wie hoch der Preis auch sein mag...

Frauenwürde
Wenn man Frauen kaufen kann,
Wie die Waren in dem Laden,
Wen verwundert es dann,
dass Achtung und Respekt gehn baden.

Männer, die gewohnt zu stehlen,
Gehn bestimmt nicht auf Distanz,
Wenn sie Lustgefühle quälen,
Angetrieben von dem Schwanz.

Wenn der Staat von Freiheit spricht,
Wo die Fraun stehn zum Verkauf,
Übt er Grundgesetzverzicht,
Hebt die Frauenwürde auf.

Vergewaltiger sind Menschen, die klare Grenzen rücksichtslos überschreiten. Menschen, die Frauen missachten und entwürdigen. Vergewaltigung und Missbrauch von Frauen beginnt dort, wo die Würde einer Frau verletzt wird. Vergewaltigung beginnt nicht erst dort, wo sie von der Bevölkerung gesehen und wahrgenommen wird:

Gegen Vergewaltigung
Vergewaltiger, oh nein,
Dafür fällt als Lösung ein,
Abzuschneiden solchem Pack
Von den Ärzten ihren Sack.

Der ist dann, sehr gut zu sehen,
Ihnen an den Hals zu nähen,
Und die Vergewaltiger
Gäb`s ganz sicher bald nicht mehr.

>>> Der Denker und Dichter Hubertus Scheurer stellt sich in seinen poetischen Versen stets dem Kampf gegen Diskriminierung, Unrecht und Verleumdung. Mit seiner Tugend, Weisheit und Klarheit reflektiert er die Schattenseiten unserer heutigen Zeit. Mehr Informationen über den couragierten Hamburger Dichter und Denker Hubertus Scheurer und seine poetischen Werke finden Sie auf www.hubertus-scheurer.de.

Bildquelle: www.depositphotos.com

Veröffentlicht am 5.6. 2016-06-06

Pressekontakt
Pressestall
Sandra Hansen
Lelka-Birnbaum-Weg 7
22457 Hamburg Deutschland
Telefon+49 40 49 29 33 66
info(at)pressestall.com
www.pressestall.com

Unternehmenskontakt
Hubertus Scheurer

Brehmweg 35
22527 Hamburg
Telefon +49 (0)40 – 49 66 85

www.hubertus-scheurer.de

Amtsgericht Hamburg
Sievekingplatz 3
20355 Hamburg

Strafbefehl gegen Hubertus Scheurer

Sie haben die Kosten des Verfahrens und Ihre notwendigen Auslagen zu tragen.

Sie werden beschuldigt, in Hamburg

im Juni 2014

einen anderen beleidigt zu haben,

indem Sie

im Verlauf eines bei dem Finanzamt Hamburg-Eimsbüttel, Hugh-Greene-Weg 6, anhängigen Besteuerungsverfahren, in einem an die zuständige Sachbearbeiterin Frese gerichteten Schreiben vom 15.06.2014, in dem Sie um die Rücksendung eines Fahrtenbuches baten, zwei von Ihnen verfasste Gedichte beifügten in denen der Text "Die Fahrtenbuchkontrolle" lautete: "....Frau Frese hat es weit gebracht und schafft es beinah bis zur acht. Sie gab mir dafür den Beweis Durch Fahrtenbuchkontrolle preis. Hat sieben Fahrten anerkannt, dann war es aus mit dem Verstand, ..." wodurch Sie in ehrverletzender Weise zum Ausdruck brachten, dass die intellektuellen Fähigkeiten der Zeugin Frese begrenzt seien und in dem Text "Zwei Gläser und ein Präser" schrieben "In ihr Zimmer kam Frau Frese, sah mich, zog 'ne lange Näse, Stellte auf den Tisch zwei Gläser und daneben einen Präser. Angesichts nun dieser Wende, wird versöhnlich noch das Ende. Sie will, nichts bleibt ausgenommen, Künftig mir entgegenkommen." und so in herabwürdigender Weise ein sexuelles Entgegenkommen der Zeugin Frese andeuteten.

<u>Vergehen</u>, strafbar gemäß §§ 185, 194 Abs.1, Abs.3 StGB

Strafantrag ist am 18.08.2015 gestellt worden (Bl. 1).

Dipl.-Kfm. H. Scheurer
Rechtsbeistand
Grundstücksverwaltung

Brehmweg 35
22527 Hamburg
Tel.: 040 49 66 85

Hamburger Sparkasse
BLZ: 200 505 50
Konto: 1083 213 775

Dipl.-Kfm. • H. Scheurer • Brehmweg 35 • 22527 Hamburg

Amtsgericht Hamburg 203Cs 152/15
Postfach 300121

20348 Hamburg

25.12.015

203-152/15   2315 Js 990/14

Sehr geehrter Herr Rohde,

den Strafbefehl des Amtsgerichtes Hamburg habe ich am 24.12.015 erhalten.
Ich nehme an, daß man mir damit eine Weihnachtsfreude bereiten wollte und möchte mich auf diesem Wege dafür bedanken.
Hinsichtlich der intellektuellen Fähigkeiten unterscheiden sich die Menschen. Wie meine diesbezügliche Fähigkeit eingeschätzt wird, können Sie dem beigefügten Schreiben des sogenannten Rechtsanwaltes Georg Schulz entnehmen.
Jedenfalls liegt es mir fern, Frau Frese zu beleidigen. Es ist aber schon verwunderlich, daß Frau Frese mein Fahrtenbuch nicht nachvollziehen kann, zumal ich es nach Absprache mit dem Finanzamt Hamburg-Hansa erstellt habe und es dort jahrelang anerkannt wurde.
Ebenso ist es für mich nicht verständlich, daß die Herstellung von Büchern als Warenentnahme (aus meinem Gehirn ?) bezeichnet wurde und ich dafür Mehrwertsteuer zahlen mußte.
Bezüglich des sexuellen Entgegenkommens handelt es sich um einen Traum, wie Sie den nachfolgenden Versen entnehmen können.
Ich gehe davon aus, daß Träume nicht strafbar sind, und letztlich hatte ich mir nur ein versöhnliches Ende mit Frau Frese erträumt.
Deshalb möchte ich dem Gericht die Möglichkeit geben, die bisherige Entscheidung zu überdenken und um eine entsprechende Mitteilung bitten, damit ich daraus Anregungen für meine Schreibarbeit bekommen kann.

                    Mit freundlichen Grüßen

__Aus der Traum__

Leider ging es anders weiter,
Frau Frese wurde nicht gescheiter,
Sie packte voller Wut die Gläser
Und zerriß den armen Präser

Ließ alles aus dem Fenseter fliegen,
Schrie: Dich werd ich auch noch kriegen!
Ich wachte auf, welch eine Wende,
Der schöne Traum, er war zu Ende.

Amtsgericht Hamburg
Strafabteilungen (Dez. II-IV)

Sievekingplatz 3
20355 Hamburg

Telefon (Durchwahl): (040) 4 28 43 - 1844
Telefon (Zentrale): (040) 4 28 28 - 0
Telefax (Geschäftsstelle): (040) 4 27 9 - 83 15 0
Telefax: (040) 4 28 43 - 4318/4319
Zimmer: 276

Amtsgericht Hamburg, 203 Cs 152/15
Postfach 300121, 20348 Hamburg

Herrn
Hubertus Scheurer
Brehmweg 35
22527 Hamburg

Sprechzeiten:
Mo. - Fr. 9.00 - 13.00 Uhr
Bitte bei Antwort angeben:
Geschäftsnummer:
203 Cs 152/15
2315 Js 990/14

Hamburg, den 05.01.2016

In Sachen
Scheurer, Hubertus, geb. 02.05.1942
wg. Beleidigung

Sehr geehrter Herr Scheurer,

Ihr Schreiben vom 25.12.2015 ist hier eingegangen.
Hier ist nicht ersichtlich, ob es sich dabei um einen Einspruch handeln soll.
Sie werden um Mitteilung binnen 1 Woche gebeten, ob das Schreiben als solcher behandelt werden soll.

Mit freundlichen Grüßen
Auf Anordnung

Schlömer, JAng
Urkundsbeamtin der Geschäftsstelle

Bitte beachten: Übersenden Sie Schriftsätze nur dann vorab per Fax, wenn dies der Fristwahrung dient. Nur das Aktenexemplar wird kostenfrei ausgedruckt. Für Mehrfertigungen werden Auslagen eingezogen.

Strafbefehl als Weihnachtsgeschenk

Das alte Jahr, es geht zur Neige,
Zu spät für die Strafanzeige
Vom Finanzamt? Diesmal nicht,
Es handelte das Amtsgericht,

Ließ mir ein Geschenk zustellen,
Um mich geistig zu erhellen,
An dem »Heilgen Abend«, heute,
Das mich wirklich sehr erfreute.

Was ich keinesfalls verhehl,
Nein, es war ein Strafbefehl,
Zur Begründung, für den Leser,
Die »Zwei Gläser und ein Präser«,

Und »Die Fahrtenbuchkontrolle«,
Mit beiden fiel ich aus der Rolle,
Würde sexuell entgleiten,
Geistge Fähigkeit bestreiten.

Dass der Präser wurd zerrissen,
Hat verschwiegen man beflissen,
Auch dass Frau Frese zählen kann,
Weiter noch als manch ein Mann.

Trotzdem werd ich gerne löhnen,
Um Frau Frese zu versöhnen,
Doch ich sag, mit der Gesinnung
Beleidigt das Gericht die Innung.

Bleibt für mich als Resümee,
Hatte man einen im Tee,
Wurde, wider bessres Wissen,
Ich mal wieder angeschissen?

Kein Einspruch

Wenn ich die Begründung lese
Fürn Strafbefehl in Sachen Frese,
Dann konstatier ich dem Gericht,
Von Klugheit zeugt das wirklich nicht.

Und an das Amtsgericht mein Schreiben
Als Denkhilfe zum Einverleiben,
Erfüllte auch nicht seinen Zweck,
Man las darüber glatt hinweg.

Die Chance, sich selbst zu revidieren,
Mußte es damit verlieren,
Ja, man fragte, danke sehr,
Ob mein Brief ein Einspruch wär.

Nein, dafür ist im höchsten Grade
Die Zeitaufwendung mir zu schade;
Nehmt den Sokrates* zur Hand,
Um zu läutern den Verstand,

Ich zieh vor die Strafgebühr,
Bevor ich gehe durch die Tür
Beim Gericht zur Rechtswillkür
Und in dem Gerichtsgebäude
Wieder meine Zeit vergeude.

*Sh.: »Sokrates läßt Deutschland
grüßen damit Freiheit atmen kann«

Der Finanzamtkäse

Das Finanzamt mit Frau Frese
Schickte mir schon laufend Käse,
Doch damit leider nicht genug,
Jetzt kam Frau Blassei noch zum Zug.

Sie tischte auf den gleichen Käse.
Hat nichts gelernt, wenn ich das lese,
Was sie auf meinen Einspruch schrieb
Und der Wahrheit schuldig blieb.

Nun bleibt der Gang noch zum Gericht,
Doch da üb ich gern Verzicht,
Denn die mir verbliebne Zeit
Halt ich für Sinnvolles bereit.

Dank Frau Blassei

Die Frau Blassei ist so frei,
Redet um den heißen Brei,
Wie das im Amt üblich sei,
Und schlägt Porzellan entzwei.

Da denk ich an jene Zeit
Guter Einvernehmlichkeit
Mit der Frau, die konstruktiv
Nicht auf Paragraphen schlief,

Sondern mit Herz und Verstand
Immer eine Lösung fand,
Damit ist es nun vorbei,
Vielen Dank der Frau Blassei !

Kellermeier und faule Eier

*Vielleicht holt Frau Kellermeier
Jetzt aus dem Keller faule Eier,
Die sie wirft in mein Gesicht,
Um nachzukommen ihrer Pflicht.*

*Zumindest teilte sie mir mit,
Daß sie sich überlegt den Schritt;
Mög sie nur gehn auf krummen Wegen,
Ich geb ihr dafür meinen Segen,*

*Denn faule Eier ins Gesicht
Warf mir ihr Amt und das Gericht,
Sodaß ich mich konnt dran gewöhnen,
Für einen Unrecht-Staat zu löhnen.*

Tät die Dummheit weh

Bei der Schöpfung die Idee,
Daß die Dummheit täte weh,
Wurd zugunsten für das Leben
Ganz schnell wieder aufgegeben.

Wenn die Dummheit schmerzlich wär,
Gäb's die Menschheit wohl nicht mehr,
Denn das Schreien und das Klagen
Hätte sie nicht lang ertragen.

Stell man sich das heute vor,
Überall das Schrein im Ohr,
In Gebäuden, auf den Straßen,
Es wär wirklich nicht zum Spaßen.

Auch des Nachts hätt niemand Ruh,
Keiner kriegt ein Auge zu,
Im Verlaufe unsres Lebens,
Kämpfen Götter selbst vergebens,

Gegen all die Dummheit an,
Die der Mensch begehen kann;
Deshalb danken wir von Herzen,
Daß sie auftritt ohne Schmerzen.

GEORG SCHULZ
Rechtsanwalt

RA Schulz · Böttgerstraße 1 A · 20148 Hamburg

Herrn
H. Scheurer
Brehmweg 35

22527 Hamburg

Georg Schulz
Böttgerstraße 1 A
20148 Hamburg
Tel. 040/530 25 07 - 20
Fax 040/530 25 07 - 30
info@Rechtsanwalt-Schulz.net

bei Antwort und Zahlung bitte angeben:

Scheurer s-pi

25.08.15

**Ihr Schreiben vom 20. Juli 2015 und was Sie im Anhang als „Gedichte"
bezeichnen**

Hallo Herr Scheurer,

warum Sie bei diesem Unrechtstaat, wie Sie sich ja vor vielen Jahren im Verfahren beim Landgericht über die Beurteilung der Rechtsordnung durch die Pressekammer ausgelassen haben, den Titel als Rechtsbeistand für sich auf Ihren Briefbogen schreiben, erscheint wenig verständlich; oder gibt es Menschen, denen Sie i. S. dieses Begriffs Beistand leisten?

Wann hat denn der intellektuelle und organische Zersetzungsprozess in Ihrem Gehirn angefangen, sicherlich doch nicht vor Erwerb der Bezeichnung als Rechtsbeistand?

Warum nehmen Sie sich bloß weiterhin so ernst, dass Sie auf solche „Verse" (?) offenbar nicht verzichten können?

Wenn Sie schon nicht zum Therapeuten gehen, um sich helfen zu lassen, dann bleibt Ihnen ja noch die Möglichkeit, sich lautlos und ohne jede Theatralik, die Sie persönlich auch in solchen „Versen" zum Ausdruck bringen, einfach das Leben zu nehmen.
Das wäre jedenfalls ein Zeichen angemessener Selbstkritikfähigkeit, Sie tragisches Würstchen.

Mit freundlichen Grüßen
Georg Schulz

Commerzbank Hamburg · BLZ 200 400 00 · Kto.-Nr. 3882420 00
IBAN DE37 2004 0000 0388 2420 00 · BIC COBADEFFXXX
St.-Nr. 42/223/01462

Dipl.-Kfm. • H. Scheurer • Brehmweg 35 • 22527 Hamburg

Dipl.-Kfm. H. Scheurer
Rechtsbeistand
Grundstücksverwaltung

Brehmweg 35
22527 Hamburg
Tel.:   040 49 66 85

Kackvokat
Georg Schulz
Böttgerstr. 1 A

20148 Hamburg

Hamburger Sparkasse
BLZ: 200 505 50
Konto: 1083 213 775

Betr,: "Ein sogenannter Rechtsanwalt wird zur Kack-Phantom-Gestalt"
       ISBN 978-3-7392-6393-9

Der Kackvokat

Georg Schulz alias Schnurz
Transformiert zu Alfreds Furz,
Etablierte sich im Staat
Hemmungslos zum Kackvokat.

Dieser übte in der Tat
Immer wieder Rechtsverrat,
Und das Kackvokatentum
Bringt dem Lande keinen Ruhm.

Der Opernstar

Georg Schulz, der Obermacker
Bundesdeutscher Rechtsverkacker
Meldet wieder sich zu Wort
Von seinem Klugscheißerort.

Den Aufstieg zum Opernstar
Findet er ganz wunderbar
Und damit der wird gelingen,
Übt er jeden Tag das Singen.

Er als größter Rechtsverkacker
Scheucht die Gegner auf den Acker.
Läßt sie ein paar Runden laufen,
Dort um seine Scheiterhaufen.

Zündet dann die Haufen an
Und verbrennt sie Mann für Mann,
Findet das phänomenal
Als Phantom im Opernsaal.

Ein Phantom, das Beifall findet
Und im Untergrund verschwindet,
So sieht Georg Schulz sich klar
Als den neuen Opernstar.

Ein übler Rechtskondom

Schulz, Georg meinte recht erheitert,
Dieser Scheurer ist gescheitert;
So wie es bei ihm gelaufen,
Gehört er auf den Scheiterhaufen.

Leider gibt's den heut nicht mehr,
Eine andre Lösung wär,
Daß er sich dazu bequeme
Und sich selbst das Leben nähme.

Schulz der ist ein Rechtsgestalter
Grad so wie im Mittelalter,
Mög das Schicksal uns verschonen
Mit solch üblen Rechtskondomen.

Ein Idealgespann

*Schulz und Freisler böten an
Sich als Idealgespann;
Schulz der wär als Lieferant
Für den Freisler interessant.*

*Ich zum Beispiel wär ein Fall
Der fänd Freislers Widerhall,
Wenn Schulz würd mich übergeben
An ihn als unwertes Leben.*

*Dann käm dieser Fall zum Schluß
Mit dem gut gezielten Schuß,
Und sogleich, das käm hinzu,
Hätt die liebe Seele Ruh.*

Weshalb ich lebe

*Weshalb ich noch lebe?
Berechtigt die Frage,
Weil ich nicht aufgebe,
Verantwortung trage.*

*Das Unrecht im Staate
Gilt es aufzuzeigen,
Zum Trotz der Diktate,
Verordnetem Schweigen.*

*Solange mein Herz schlägt,
Ist dies mein Bestreben,
Wenn's sich nicht mehr regt,
Dann endet mein Leben.*

Schön wär das

Wie schön wäre das,
Wenn die Menschen ohne Haß
Ihren Lebensweg durchschreiten
Und nicht miteinander streiten.

Wie schön könnt es sein,
Steht einer für den andern ein,
Könnte man doch mit Vertrauen
Stets auf seinen Mitmensch schauen.

Wie schön wäre das,
Würd die Liebe höchstes Maß,
Mit dem Ziel, daß bald der Frieden
In der Welt wird uns beschieden.

Dein Gewissen muß Dich leiten

Dein Gewissen muß Dich leiten,
Überprüf es stets aufs neu,
Auch in Deinen schweren Zeiten,
Bleibe ihm von Herzen treu.

Dein Gewissen muss Dich lenken
Und begleiten den Verstand,
Ist bei allem klugen Denken
Unsrer Würde Unterpfand.

Mögen Dich die Menschen richten,
Laß sie werfen ihren Stein,
Können niemals Dich vernichten,
Hältst Du Dein Gewissen rein.

Bewegung nach Schlaf

*Den Körper bewegen
Ums Hirn anzuregen,
Sonst wacht's im Verlauf
Des Tages nicht auf.*

*Die Begründung liest genauer
Man dafür bei Schopenhauer*,
Der mit seinem großen Wissen
Die Erkenntnis läßt nicht missen.*

*Arthur Schopenhauer »Aphorismen
zur Lebensweisheit«

Gerichtsverbot für Schopenhauer

Weil ich Schopenhauers Rat*
Setzte um hier in die Tat,
Folgte drauf ein Buchverbot,
Wurd Gefängnis angedroht.

Ich denk ein Gerichtsverbot
Schopenhauers täte not,
Damit sein Gedankengut
Sich nicht mehr verbreiten tut.

Schließlich war mir nicht bekannt,
Daß die Richterschaft im Land
Schlauer, wenn man Schlauheit mißt,
Als der Schopenhauer ist.

*»Das einzige Gegenmittel bei Verleumdung ist Widerlegung derselben mit ihr angemessener Öffentlichkeit und Entlarvung des Verleumders«

Bis zum letzten Atemzug

Wenn es geht um meine Ehre,
Kämpf ich gegen Lug und Trug,
Gleich, wer sich stellt in die Quere
Bis zum letzten Atemzug.

Das gilt auch für unsren Staat,
Wenn von Mächtigen gelenkt,
Er verläßt den Tugendpfad,
Sich auf deren Wohl beschränkt.

Für Recht und Freiheit

*Eigentlich sollt man mir danken,
Daß ich Eugen setzte Schranken,
Um die Gäste zu bewahren
Vor den drohenden Gefahren.*

*Denn wenn's Eugen Block gefällt,
Werden sie gleich kaltgestellt,
Und im deutschen Rechtsgeflecht
Bekommt Eugen auch noch recht.*

*Da gilt es, dem Recht zu Ehren,
Sich mit aller Kraft zu wehren;
Wenn wir nicht fürs Recht einstehen,
Wird die Freiheit untergehen.*

Kein Waschlappen

Waschlappen nennt man einen Mann,
Der keinen Mut beweisen kann
Und der, wenn es zur Sache geht,
Sich feige auf dem Absatz dreht.

Ein solcher war und bin ich nicht,
Tu bis zum Ende meine Pflicht
Und kämpfe für Wahrhaftigkeit
So lang sie anhält, meine Zeit.

Ich schlucke nicht den Lügenbrei
Von den Gerichten, Polizei,
Für Recht und Ordnung steh ich ein,
Mach mich in keinem Fall gemein.

Welkt in den letzten Wegetappen
Der Körper auch zum schlaffen Lappen,
Als Waschlappen, so wird es sein,
Legt man ihn in den Sarg nicht rein.

Silvesternacht

Silvesternacht, es lärmt und kracht,
Und ich muß an die Kinder denken,
Die man entführt, hat umgebracht,
Die Blicke gilt's auf sie zu lenken.

Silvesternacht, Raketen steigen,
Kurz darauf ein Sternenschwall,
Sollte uns die Kinder zeigen,
Ihre Bilder überall.

Silvesternacht, wo bleibt die Trauer,
Wieder ging ein Jahr vorbei,
Mich befallen kalte Schauer,
Hört ihr nicht der Kinder Schrei?

Das Wagnis

Wer nicht wagt, der nicht gewinnt,
Und wer zuviel wagt, der spinnt.

Die Zeit

Die Zeit nimmt Sekunden,
Minuten und Stunden,
Dann Tage und Jahre
Bis hin zu der Bahre.

Sinnsuche

Er läuft durch die Straßen und sucht nach dem Sinn,
Da stolpert er plötzlich und stößt sich das Kinn,
Er kommt zur Erkenntnis, das war's, immerhin,
Es macht schon Sinn, wenn ich vorsichtig bin.

Ihr Pflichtgefühl

Sieht sie bei den andern Pflichten,
Sind die sofort zu verrichten,
Darauf ist sie ganz versessen,
Ihre eignen unterdessen,
Hat sie jedoch gleich vergessen.

Kein Gelaber

Nein danke, ja bitte,
Da gibt's keine Mitte,
Kein Wenn und kein Aber,
Somit kein Gelaber.

Mut zum Guten

Andern Freude zu bereiten,
Ist ein hohes Gut,
Wie verdorben sind die Zeiten
Braucht es dafür Mut,
Weil Menschen bei Taten, guten
Schlechte Absichten vermuten.

Die beste Vorschrift

Die beste Vorschrift, das Gesetz,
Geschaffen selbst von Meisterhand,
Ersetzen nicht des Menschen Herz,
Gerechtigkeit, noch den Verstand.

Lob

Lob, darauf kann ich verzichten,
Wichtiger, und das macht Sinn,
Ist, gleich wie die andern richten,
Daß ich selbst zufrieden bin.

Demenz

Jeder, der mich wirklich kennt,
Weiß, ich bin noch nicht dement,
Doch das Schicksal hier auf Erden,
Schließt nicht aus, daß ich kann's werden.

Ein böser Nachbar

Ein Leben in Frieden,
Ist uns nicht beschieden,
Wenn es dem Nachbarn nicht gefällt,
Der Ruhezeiten nicht einhält
Und zudem als Denunziant
Sich hat etabliert im Land.

Andreas und Nicole

*Andreas, kürzlich noch im Groll,
Der singt heute liebevoll
Immer lächelnd nur in Moll,
Mit dem Herzen bei Nicole.*

*Nicole, sie hat seine Welt
Völlig auf den Kopf gestellt,
Gibt dem Leben wieder Sinn,
Das er beinah warf schon hin.*

*Und in einem weitren Schritt
Sind die beiden bald zu dritt,
Denn die Nicole sie hat auch
Bereits einen Babybauch.*

Jacqueline

Jacqueline, Jacqueline,
Wann fahren wir nach Wien ?
Dort gehn wir beide ins Theater
Und besuchen dort den Prater.

Dann reisen wir zurück von dort
Frohgelaunt zum Heimatort,
Machen im Meridian weiter,
Wie gewohnt, erholsam heiter.

Jacqueline, Jacqueline,
Wann fahren wir nach Wien ?

Tonis Tönchen

Der Volksmund sagt, daß jedes Böhnchen
Gibt nach dem Verzehr ein Tönchen;
Dies gilt gleichsam ohne Frage
Auch für Toni alle Tage.

Nur, daß wir sie nicht verzehren,
Aber gern mit ihr verkehren,
Lassen uns von ihren Tönen,
Aus dem Munde, diesen Schönen,
Immer wieder neu verwöhnen,
Mit den Tönchen, liebe Toni,
Hell erklingend unisoni.

Jacob und Orestes

Jacob und auch der Orestes,
Beide geben stets ihr Bestes,
Sodaß alle Frauen staunen,
Wenn sie gehn mit ihnen saunen.

Erst läßt man das Wasser dampfen,
Bis die Damen sich entkrampfen,
Wedelt dann, das ist der Clou,
Ihnen emsig Frischluft zu.

Jauchzen sie dann vor Entzücken,
Werden sich die Herrn verdrücken,
Denn die beiden sind bescheiden,
Alle mögen sie gern leiden.

Der Biß auf die Zunge

Ein lieber kleiner Junge
Der biß sich auf die Zunge,
Und die fing an zu bluten,
Das war zu viel des Guten.

Der Junge rief herrjemine,
Meine Zunge tut so weh,
Da kam die Mutter angerannt,
Hat die Gefahr sogleich erkannt.

Mit einem Tupfer hielt sie drauf
Die Blutung bis zum Stillstand auf,
Drückte den Jungen an ihr Herz,
Ganz schnell vergessen war der Schmerz.

Die Präsidentenwahl

Amerika, ein Präsident,
Der wild durch die Gegend rennt,
Grad so wie ein Trampeltier,
Würd gereichen nicht zur Zier.

Deshalb sage ich, sei schlau,
Wähle diesmal jene Frau,
Die verdienstvoll, weltbekannt,
Eine Wohltat wär fürs Land.

Die Ballerfrau

Was man auf Mallorca kann,
Strebt man jetzt in Deutschland an,
Damit es die Kassen füllt,
Nämlich auf der Insel Sylt.

Zudem wirbt man so mit Schwung
Für die Gleichberechtigung,
Denn aus Ballermann, genau,
Wird hier eine Ballerfrau.

Die Idee ist auch sehr smart,
Weil man Zeit und Kosten spart
Und die Ballerfrau ganz leicht
Ohne Flugzeug schnell erreicht.

Mann und Frau

Leute, hört euch das mal an,
Fiete meint, daß Frau und Mann
Einfach nicht zusammenpassen,
Wolln wir das so stehen lassen?

Nein Fiete, das stimmt so nicht,
Denk mal an das Lampenlicht,
Zuerst muß der Stecker rein,
Dann erst kommt der helle Schein.

Sie hat die Öffnung unterm Schoß,
Er trägt den Stecker in der Hos';
Wenn die beiden sich vereinen,
Fängt die Sonne an zu scheinen.

Damit dürft bewiesen sein,
Hoffentlich siehst Du das ein,
Mann und Frau passen zusammen,
Weil die Liebe sie entflammen.

Mit Ochsen boxen

Boxer, mit dem Hirn von Ochsen,
Sollten gegen Ochsen boxen,
Schläge auf das Hinterteil
Finden diese sicher geil.

Und der Ochse scheißt zur Löhnung,
Das ist dann des Kampfes Krönung,
Seinem Gegner ins Gesicht,
Der darauf den Kampf abbricht.

Die Diagnose

Frau Dr. Mann galt als famose
Fachärztin der Diagnose,
Und in einem Ärztekreis
Gab sie dafür den Beweis.

In der Luft lag ein Gestank,
Alle wußten, der macht krank,
So wurd befragt Frau Dr. Mann,
Was die Ursache sein kann.

Und auch hier gab die famose
Ärztin, in erhabner Pose,
Richtig ihre Diagnose ;
Es ist Scheiße in der Hose !

Kurze Wartezeiten

*Bei Ärzten bleibt im Wartezimmer
Der Zustand gleich, wird eher schlimmer;
Ich denke, das muß nicht so sein,
Mir fällt dafür die Lösung ein.*

*Als Wartezeit die Viertelstunde,
Für den Patient, die reicht im Grunde,
Danach dann löhnt der Arzt und zwar
Mit einem Euro stets in bar,*

*Für jede Wartezeitminute
Kommt der dem Wartenden zugute,
Da gibt es bald, na bitte sehr,
Ein langes Warten gar nicht mehr.*

Frau von der Leyen

Frau von der Leyen ist ihr Name,
Höchst bewundernswert die Dame,
Was mit ihrer Willenskraft
Sie schon alles hat geschafft.

Doch da sind im Land die Neider,
Denunzianten, Ehrabschneider,
Die nicht rasten und nicht ruhn
In dem unheilvollen Tun.

Jetzt ist es Frau von der Leyen,
Denunziert aus deren Reihen,
Da denk ich ans Naziland
Als man Juden hat benannt.

Denunzianten hier im Lande,
Immer wieder eine Schande;
Wer sich mit dem Pack läßt ein,
Macht sich selber auch gemein.

Kater Stanislaus

Täglich saß der Stanislaus
Nachmittags vor meinem Haus,
Um dort in dem Vordergarten
Meine Ankunft zu erwarten.

Stanislaus, ein lieber Kater,
Dachte wohl, ich wär sein Vater,
Denn ich wollt nicht, daß er litt,
Bracht ihm was zu essen mit.

Danach streicheln mit der Hand,
Und der Stanislaus verschwand;
Das ging über Jahre so,
Sah ich Stani, war ich froh.

Eines Tags, es traf mich sehr,
Blieb der Platz vorm Hause leer,
Irgendjemand war gekommen,
Hatte Stani mitgenommen.

Sicher geht es ihm dort gut,
Dacht ich, machte mir so Mut,
Hab den Stani unterdessen
Auch nach Jahren nicht vergessen.

Eine kleine Umwelt

Meine Umwelt wurd in Gänze
Geographisch ziemlich klein,
So erreich ich rasch die Grenze
Und kann schnell Zuhause sein,

Wo ich mich am wohlsten fühle
In vertrauter Einsamkeit,
Besser als im Stadtgewühle
Läßt verbringen sich die Zeit.